Recipe:

Serves: **Prep time:**

Ingredients:

Directions:

Notes:

Recipe:

Serves: **Prep time:**

Ingredients:

Directions:

Notes:

Recipe:

Serves: **Prep time:**

Ingredients:

Directions:

Notes:

Recipe:

Serves: **Prep time:**

Ingredients:

Directions:

Notes:

Recipe:

Serves: **Prep time:**

Ingredients:

Directions:

Notes:

Recipe:

Serves: **Prep time:**

Ingredients:

Directions:

Notes:

Recipe:

Serves: **Prep time:**

Ingredients:

Directions:

Notes:

Recipe:

Serves: **Prep time:**

Ingredients:

Directions:

Notes:

Recipe:

Serves: **Prep time:**

Ingredients:

Directions:

Notes:

Recipe:

Serves: Prep time:

Ingredients:

Directions:

Notes:

Recipe:

Serves: **Prep time:**

Ingredients:

Directions:

Notes:

Recipe:

Serves: **Prep time:**

Ingredients:

Directions:

Notes:

Recipe:

Serves: **Prep time:**

Ingredients:

Directions:

Notes:

Recipe:

Serves: **Prep time:**

Ingredients:

Directions:

Notes:

Recipe:

Serves: **Prep time:**

Ingredients:

Directions:

Notes:

Recipe:

Serves: **Prep time:**

Ingredients:

Directions:

Notes:

Recipe:

Serves: **Prep time:**

Ingredients:

Directions:

Notes:

Recipe:

Serves: **Prep time:**

Ingredients:

Directions:

Notes:

Recipe:

Serves: **Prep time:**

Ingredients:

Directions:

Notes:

Recipe:

Serves: **Prep time:**

Ingredients:

Directions:

Notes:

Recipe:

Serves: **Prep time:**

Ingredients:

Directions:

Notes:

Recipe:

Serves: **Prep time:**

Ingredients:

Directions:

Notes:

Recipe:

Serves:　　　　　　　　**Prep time:**

Ingredients:

Directions:

Notes:

Recipe:

Serves: **Prep time:**

Ingredients:

Directions:

Notes:

Recipe:

Serves: **Prep time:**

Ingredients:

Directions:

Notes:

Recipe:

Serves: **Prep time:**

Ingredients:

Directions:

Notes:

Recipe:

Serves: Prep time:

Ingredients:

Directions:

Notes:

Recipe:

Serves: **Prep time:**

Ingredients:

Directions:

Notes:

Recipe:

Serves: **Prep time:**

Ingredients:

Directions:

Notes:

Recipe:

Serves: Prep time:

Ingredients:

Directions:

Notes:

Recipe:

Serves: **Prep time:**

Ingredients:

Directions:

Notes:

Recipe:

Serves: Prep time:

Ingredients:

Directions:

Notes:

Recipe:

Serves: **Prep time:**

Ingredients:

Directions:

Notes: